OEUVRES
DE

MOLIÈRE

ILLUSTRATIONS
PAR

JACQUES LEMAN

L'IMPROMPTU DE VERSAILLES

PARIS
CHEZ ÉMILE TESTARD ET Cⁱᵉ, ÉDITEURS
10, RUE DE CONDÉ

1888

OEUVRES

DE

J.-B. P. DE MOLIÈRE

L'IMPROMPTU DE VERSAILLES

JUSTIFICATION DU TIRAGE

Il a été fait pour les Amateurs un tirage spécial sur papier de luxe à 1,000 exemplaires, numérotés à la presse.

			NUMÉROS
125	exemplaires	sur papier du Japon.	1 à 125
75	—	sur papier de Chine.	126 à 200
200	—	sur papier Vélin à la cuve.	201 à 400
600	—	sur papier Vergé de Hollande.	401 à 1000

OEUVRES
DE

MOLIERE

ILLUSTRATIONS

PAR

JACQUES LEMAN

NOTICES

PAR

ANATOLE DE MONTAIGLON

PARIS

CHEZ EMILE TESTARD ET C.IE EDITEURS

10 RUE DE CONDÉ

M.DCCC.LXXXVIII

NOTICE
DE L'IMPROMPTU DE VERSAILLES

'*ÉCOLE DES FEMMES* a eu tant de succès et a été si attaquée que nous lui devons *la Critique* et *l'Impromptu*. La première fut d'abord présentée au public, comme si Molière l'eût trouvée trop peu importante pour en donner la primeur au Roi, et certainement, en l'écrivant, il n'a pas dû penser qu'il reprendrait encore sa défense sous une forme nouvelle. Il s'était hâté de prendre les devants pour dire lui-même les critiques, et, en y répondant d'avance, les empêcher de se produire. Ses envieux et ses jaloux, qu'il avait cru prévenir et désarmer, n'en furent que plus acharnés. N'ayant pas réussi, il crut devoir porter sa cause devant le Roi. Il pensait avoir ainsi le dernier mot et clore le débat.

Il se trompa. Deux réponses se produisirent coup sur coup. Boursault avait été nominalement visé par une mention si dure et si dédaigneuse qu'on eût pensé le voir regimber sous l'injure, ce qu'il ne fit pas, de crainte probablement de s'exposer à pis encore. Comme *l'Impromptu* s'en prenait surtout aux grands Comédiens, c'est de leur côté que furent tirés les deux derniers coups de canon de la campagne. Molière ne daigna pas répondre. Il avait pour lui le public et le Roi; il les eût fatigués en continuant indéfiniment une polémique qui aurait fini par lui nuire. Ce qu'il leur devait, c'était de nouveaux chefs-d'œuvre. D'ailleurs les deux réponses à *l'Impromptu*, si désagréables qu'elles aient pu lui être, sont si plates qu'elles ne méritaient que son silence; elles ne doivent qu'à lui l'intérêt de curiosité rétrospective, qui les sauve de l'oubli.

La première représentée — on le sait parce qu'à la fin elle annonce la seconde — est *l'Impromptu de l'Hôtel de Condé*, œuvre d'Antoine Jacob Montfleury, le fils de l'acteur. Deux comédiens, de Villiers et Beauchâteau ouvrent la pièce; ils viennent chercher des rubans pour les costumes qu'ils doivent porter dans une réponse de Boursault, qu'ils annoncent peut-être pour l'exciter à la faire, et cèdent la place à un Marquis, partisan de Molière, qui vient comme eux dans la Galerie du Palais pour acheter des Pièces de théâtre à une Marchande de livres. C'est le moyen de faire l'éloge de celles de Corneille et de railler Molière comme comédien dans le comique et dans le tragique, où on le prend à partie dans le rôle de César, du *Pompée* de Corneille. C'est ce passage, bien connu, qui est le plus curieux de la Pièce :

> *Madame, avez-vous vu, dans ces tapisseries,*
> *Ces Héros de Romans ?...*
> *Il est fait tout de mesme; il vient le nez au vent,*
> *Les pieds en parenthèse et l'épaule en avant ;*
> *Sa perruque, qui suit le costé qu'il avance,*
> *Plus pleine de lauriers qu'un jambon de Mayence,*
> *Ses mains sur les costez d'un air peu négligé,*
> *Sa teste sur le dos comme un mulet chargé,*
> *Ses yeux fort égarés, puis, débitant ses rooles,*
> *D'un hocquet éternel sépare ses paroles.*

Molière, dans *l'Impromptu*, avait contrefait les grands Comédiens; ici, pour faire comme lui et lui rendre la monnaie de sa pièce, on le contrefait et on le caricaturise à son tour, dans Arnolphe aussi bien que dans César. Il n'a de valeur que par son jeu, et celui-ci n'est que la survivance et la copie des grimaces de Scaramouche. De plus, et c'est le grand cheval de bataille des deux Pièces, son Impromptu n'en est pas un. Il n'est pas écrit en huit jours; il date au moins de trois ans. Que Molière, soit avec des amis, soit lorsque la Troupe allait jouer en ville, ait à l'occasion occupé le tapis et fait un lever de rideau ou un intermède avec des imitations d'acteurs, rien n'est plus probable et plus naturel; mais ce n'était pas *l'Impromptu de Versailles*. Ce qui suit, ce qui répond, ne peut pas avoir précédé, comme aurait dit Monsieur de La Palisse.

Il serait plus curieux de connaître dans le détail les raisons du titre *L'Impromptu de l'Hôtel de Condé*. Monsieur le Prince était pour Molière. A ce moment-là même, à l'occasion du mariage de son fils, le Registre de La Grange constate que, « le mardi 11e décembre 1663, la Troupe fut mandée et joua, à l'Hôtel de Condé, au mariage de S. A. S. Monseigneur le Duc, *la Critique de l'Ecole des Femmes* et *l'Impromptu de Versailles* ». Il paraît cependant que le père et le fils différaient là-dessus, car la dédicace du *Portrait du Peintre* de Boursault est précisément adressée à Son Altesse Sérénissime Monseigneur le Duc. Le titre de la Pièce de Montfleury fait supposer qu'avant d'être jouée à l'Hôtel de Bourgogne, elle a dû l'être à l'Hôtel de Condé devant le Duc d'Enghien, qui la devait approuver, comme il avait fait du *Portrait du Peintre*. Personne n'aurait osé se mettre, sans son aveu, sous l'abri du nom d'un Condé.

La vengeance des Marquis n'a pas été originairement imprimée à part et se trouve dans le recueil des *Diversitez galantes*, Barbin, 1664. Elle est en méchante prose et ne dit rien de bien nouveau sur le sujet. *L'Impromptu de Versailles* est une vieillerie usée, et Molière joue fort mal :

« Voicy comme il fait quand il joue dans Pompée. Voyez-vous cette démarche ! Examinez bien s'il ne fait pas de mesme. Voicy comme il récite de Porfile (c'est-à-dire *de profil*). Examinez bien cette hanche ; c'est quelque chose de beau à voir. Il récite encore quelquefois ainsi, en croisant les bras, et faisant un hoquet à la fin de chaque vers . »

C'est le pendant et le décalque du passage de Montfleury. L'intention générale est plus perfide. A propos du rôle d'Agnès, on avait voulu ameuter les femmes contre Molière; ici on s'adresse à la Cour en montrant qu'il ridiculise et offense tous les Marquis. Il y en avait bon nombre qui ne se sont pas laissé prendre.

Maintenant quel est l'auteur de *La vengeance des Marquis?* On a nommé tantôt De Villiers, tantôt Donneau de Visé, et pour chacun d'eux l'on a donné de bonnes raisons. A ce moment, tous deux peuvent l'avoir fait, et ni l'un ni l'autre n'ont de griffe assez personnelle pour ne pas pouvoir être confondus. Ne serait-il pas possible d'accorder tout le monde en y voyant une œuvre commune?

Revenons à *l'Impromptu*. En dehors de son objet, il a, dans sa forme, un côté particulièrement piquant. On avait déjà vu sur les planches mettre en scène des acteurs et en quelque sorte l'envers du théâtre. Le *Saint Genest*, qui date de 1648, n'est pas autre chose; mais il y a, en 1633 et 1634, deux pièces du même titre, deux *Comédies des Comédiens*, où les acteurs ne sont pas des rôles, comme dans la Tragédie de Rotrou, mais sont les acteurs eux-mêmes. Dans les deux, une Pièce quelconque a un prologue où ils agissent en leur nom. Dans celle de Scudéry, c'est encore de l'invention; c'est une Troupe de Comédiens, arrivant à Lyon, où s'enrôle un oncle qui commence par gronder son neveu de s'être fait acteur. Mais la Pièce du Dijonnais Gougenot, que M. Jannet a justement réimprimée dans le neuvième volume de l'*Ancien Théâtre Français*, est bien autrement contemporaine. Lui aussi finit par une Pièce de théâtre, mais ses deux actes d'introduction sont la formation d'une Troupe. Dans le nombre brillent les noms de Bellerose et de Beauchasteau, puis le Capitaine, l'Avocat Gaultier, le Marchand Boniface, leurs Femmes et leurs Valets, Turlupin et Guillaume, qui deviennent tous Acteurs. Ce n'est pas encore la réalité complète des personnages de l'*Impromptu*, mais cela y mène et, au moins dans la donnée générale d'Acteurs se jouant et se représentant eux-mêmes, Molière pourrait bien s'être souvenu de la pièce oubliée de Gougenot. Cela est d'autant plus probable que, dans l'*Impromptu*, il emploie à un endroit le même titre de *Comédie des Comédiens*.

De plus, l'*Impromptu* n'est pas seulement une nouvelle défense de l'*Ecole des Femmes;* Molière y porte la guerre dans le camp ennemi et s'en prend directement aux Comédiens de l'Hôtel de Bourgogne. Là aussi il a inventé quelque chose, et l'on peut dire qu'il y a créé le genre des imitations. C'est maintenant l'accompagnement obligé des Revues de fin d'année, et l'une des parties qui en sont fréquemment le plus goûtées. Rien de plus amusant et de plus surprenant que de voir entrer ainsi complètement dans la peau d'un autre et lui tout prendre : les gestes, la voix, les intonations, et les qualités aussi bien que les défauts. La plupart du temps ces merveilleux Sosies n'ont en dehors pas de personnalité et n'ont pas de jeu individuel. Ce n'était pas le cas pour Molière, et, alors qu'on ne lui reconnaissait qu'un talent de Farceur, il se défend et se venge à la fois des railleries qu'on lui prodiguait sur son jeu dans le sérieux. Qu'il fût moins heureux dans la Tragédie que dans la Comédie, cela fait peu de doute, mais il n'en avait pas moins raison dans ses critiques contre l'emphase et l'exagération. Il a même fini par triompher dans la personne et dans le succès de Baron, dont il a été le maître. Sous la raillerie, il y a toute une doctrine, aussi juste qu'elle était alors nouvelle et hardie.

Lorsqu'Hamlet explique aux Comédiens d'Elseneur comment ils doivent jouer la Pièce qu'il leur fait représenter, il leur dit d'être simples, de dire couramment, de ne pas scier l'air avec les bras, de garder la mesure, même dans l'excès de la passion, sans ultra-hérodiser Hérode, de ne pas déchirer de cris les oreilles du Parterre, d'accorder toujours l'action avec la parole sans dépasser la nature, dont le Théâtre doit être le miroir, de ne pas imiter ces Acteurs qui, n'ayant accent ni tournure de chrétiens, de païens ni d'hommes, se démènent et crient de telle façon qu'ils semblent l'œuvre de mauvais ouvriers de la Nature qui les ont mal faits, tant ils imitent abominablement l'Humanité; enfin les Comiques eux-mêmes ne doivent ni charger, ni broder à tort et à travers, mais s'en tenir à ce qui est écrit. C'est un passage admirable de sens et d'élévation, pour lequel la traduction vaudrait mieux que l'analyse; il suffit de le rappeler pour montrer, sans que le Français ait connu l'Anglais, l'étrange analogie de sentiment de ces génies, tous deux poètes et acteurs. C'est Shakespeare qui parle; il semble que l'on entende Molière.

Par la vivacité et l'acrimonie des réponses, on voit combien Molière avait touché juste et atteint dans le vif. Aussi, quels succès de rires a-t-il dû avoir quand il soufflait comme Montfleury dans le Prusias de *Nicomède*, quand il jouait comme Mlle Beauchasteau dans la Camille des *Horaces*, Beauchasteau dans les stances du *Cid*, Hauteroche dans le Pompée de *Sertorius*, et de Villiers dans *Œdipe*. Le gros Montfleury n'y tint pas; la Pièce de son fils ne suffisant pas à sa vengeance, il eut — tant de fiel peut-il entrer dans l'âme d'un homme si gras — l'infamie d'adresser au Roi, quand la femme de Molière était dans les derniers mois de sa première grossesse, une Requête où il l'accusait d'avoir épousé sa propre fille. La représentation de *l'Impromptu* à Versailles est du milieu d'octobre 1663 et à Paris du 14 novembre; Racine, dans une lettre à son ami Levasseur nous apprend que le fait est de décembre, et il ajoute sèchement : « Mais Montfleury n'est pas écouté à la Cour ». L'acte de baptême de l'enfant, né le 16 janvier 1664 et baptisé le 18 février, est moins indifférent et se prononce d'une autre manière. La marraine était la

Maréchale du Plessy pour Madame Henriette d'Angleterre, Duchesse d'Orléans, et le parrain le Duc de Créqui pour le Roi de France Louis quatorzième. Peut-être en eût-il été de même, car Louis XIV a été bien souvent le parrain de plus d'un enfant des gens de sa Maison; mais, après la Requête de Montfleury, c'était une réponse vraiment royale et qui fait peut-être encore plus d'honneur au souverain qu'à Molière.

On voit au reste dans *l'Impromptu* à quel degré Molière était dans les bonnes grâces du Roi; avec une affirmation aussi publique, il faut que le Roi lui ait sinon inspiré son thème, au moins l'ait autorisé à se défendre et à exciper de son nom puisque Molière revient trois fois là dessus dans des passages absolument formels. D'abord quand il dit :

« Le moyen de m'en défendre, quand un Roy l'a commandé, »

ensuite quand il se fait dire par Mademoiselle Béjart :

« Puisqu'on vous a commandé de travailler sur le sujet de la Critique qu'on a faite contre vous, que n'avez-vous fait cette *Comédie des Comédiens*, dont vous nous avez parlé il y a longtemps, »

et enfin, quand La Thorillière lui dit : « C'est le Roy qui vous la fait faire », Molière répond : « Ouy, Monsieur ». Cela aurait dû plus que suffire à Montfleury pour lui faire voir que sa Requête avait peu de chances d'être écoutée.

C'est souvent une difficulté de savoir qui a créé et dans quelles mains a passé successivement tel ou tel rôle des Piéces de Molière. Ici rien de semblable; chacun garde son vrai nom, et l'on se plaît à les voir revivre eux-mêmes devant nous. C'était le vrai noyau et le fonds de la Troupe. Sauf la femme de Molière, qui paraît n'avoir joué pour la première fois que dans *la Critique*, tous les autres étaient avec lui depuis longtemps ; ils avaient joué à l'Illustre Théâtre, ils avaient couru la province avec lui et se souvenaient de Béziers, de Rouen et de Lyon. Les Béjart y sont en majorité, d'abord Jacques Béjart et ensuite ses trois sœurs, la plus jeune, Armande Grésinde, l'aînée Madeleine, la fidèle amie des mauvais jours, et aussi Geneviève, qu'on appelait Mademoiselle Hervé. Il n'y aurait qu'à répéter ce que M. Edouard Thierry a si bien dit sur la vie de l'honnête Charles Varlet, sieur de La Grange; mais il est bien regrettable que M. Taschereau n'ait pas achevé l'histoire biographique de la Troupe de Molière, commencée en 1850 dans des feuilletons de *l'Ordre* qui n'ont jamais été réunis. Il serait en effet très intéressant, en façon de commentaire à *l'Impromptu*, d'étudier plus exactement qu'on ne l'a fait quelquefois et de rassembler tout ce qu'on peut savoir de Marcoureau, sieur de Brécourt, qui allait en 1664 quitter Molière pour passer chez les Grands Comédiens; de François Lenoir, Ecuyer, sieur de La Thorillière, ancien capitaine au régiment d'infanterie de Lorraine; de Philbert Gassot, sieur du Croisy, dont la femme, Marie Claveau, est la Mademoiselle Du Croisy de *l'Impromptu*, mais il y aurait trop à dire. Un mot seulement du nom de Mademoiselle de Brie. Elle était femme de l'acteur Edme Villequin, frère d'Etienne Villequin, peintre et membre de l'Académie Royale. Or Félibien, dans *Les noms des peintres les plus célèbres*, dit : « Etienne Villequin, de Brie », alors qu'Edme était né à Ferrières; sa femme a donc fait son nom avec celui de la province dont son mari était originaire. Quant à Mademoiselle Du Parc, la femme de René Berthelot, sieur du Parc, dit Gros René, on se souvient des stances charmantes, écrites en son honneur à Rouen par le vieux Corneille. Le nom de Marquise qu'il lui donna a été, jusqu'à ces derniers temps, pris, sinon pour un titre, au moins pour un nom de guerre; il n'en est rien. En 1865, M. Brochoud, dans ses *Origines du Théâtre à Lyon* et, cette année même, dans un article de *Lyon-Revue*, a montré, d'après des actes authentiques, que Mademoiselle de Gorle s'appelait « Marquise Thérèse », et, par conséquent, que Marquise est un prénom.

Enfin, je terminerai en proposant sur un passage de *l'Impromptu* une bien petite correction, le changement d'une seule lettre. C'est tout au commencement. Lorsque Molière appelle successivement tous ses camarades et qu'il dit aux trois premiers qui finissent par arriver : « Eh, teste-bleu, Messieurs, me voulez-vous faire enrager aujourd'hui ? » Brécourt lui répond : « Que voulez-vous qu'on fasse, et c'est nous faire enrager vous-mesme que de nous obliger à jouer de la sorte ». Toutes les éditions, depuis la première jusqu'aux éditions critiques modernes, donnent invariablement *nous*, et il semble étonnant que jamais on n'ait été choqué du manque de suite dans l'idée. S'il y avait : « C'est nous faire enrager que de nous forcer à jouer de la sorte », il n'y aurait rien à dire; mais le *vous-mesme* fait intervenir autre chose. Il serait au contraire tout-à-fait naturel à Brécourt, en reprenant l'idée de Molière, de lui répondre :

« C'est *vous* faire enrager vous-mesme que de nous forcer à jouer de la sorte ». Mais on comprendra que, n'ayant pas à mettre de notes, je n'aie pas voulu introduire subrepticement cette nouvelle leçon, ou, pour mieux dire, cette restitution. Le mieux pour moi eût été qu'on ne s'en aperçût pas, mais il aurait bien pu se trouver quelqu'un pour le remarquer et pour le prendre de très haut. Celui-là n'aurait pas vu la raison ; il aurait tonné contre la négligence et le mésoin, si même il ne se fût donné le plaisir de crier à la profanation et au sacrilège. On sait que Molière n'a jamais imprimé *l'Impromptu de Versailles*, qui se trouve pour la première fois dans les œuvres posthumes de l'édition de 1682, et celle-ci est très loin d'être sans fautes. Il y en a même un bon nombre de grosses, une entre autres, au commencement de la Pièce même qui nous occupe. On y lit en effet *Acte premier* au dessus de *Scène première*. Dans la copie manuscrite les *n* et les *v* pouvaient ne pas être bien bouclés et se ressembler fort ; la faute ne porte que sur une lettre, qui est en quelque sorte retournée. Je soumets donc aux lecteurs de cette préface, si elle en a, car on ne lit guère les préfaces, de voir s'ils sont de cet avis et si désormais, en indiquant en note la leçon de 1682, il n'y a pas lieu de mettre dans le texte *vous* au lieu de *nous*.

ANATOLE DE MONTAIGLON.

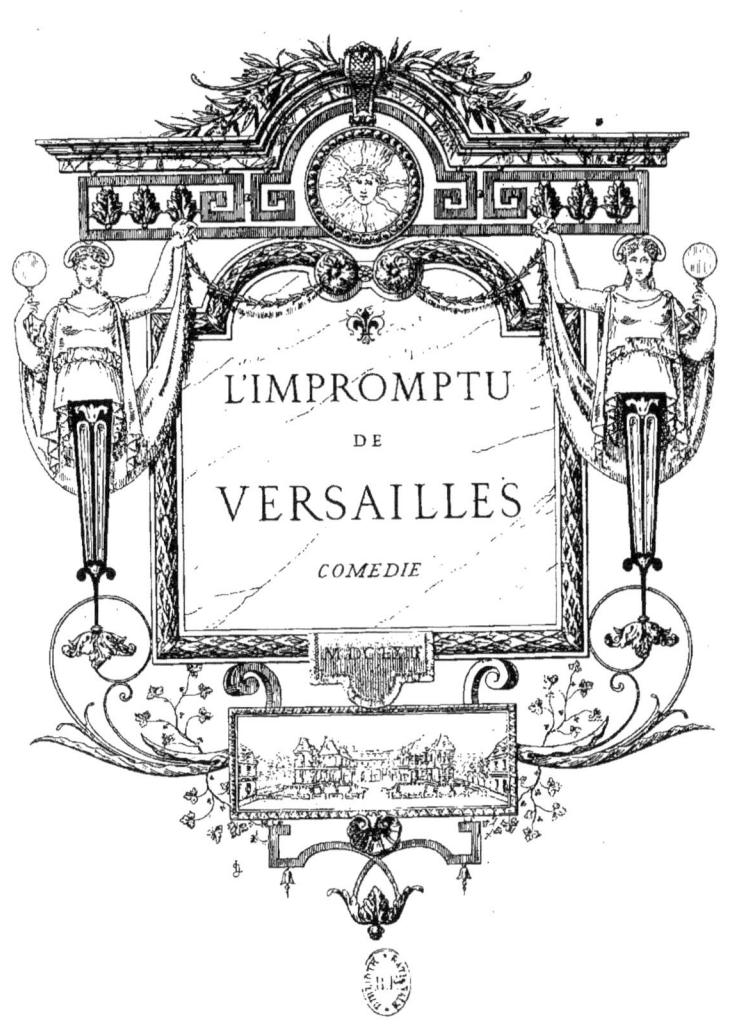

L'IMPROMPTU DE VERSAILLES.

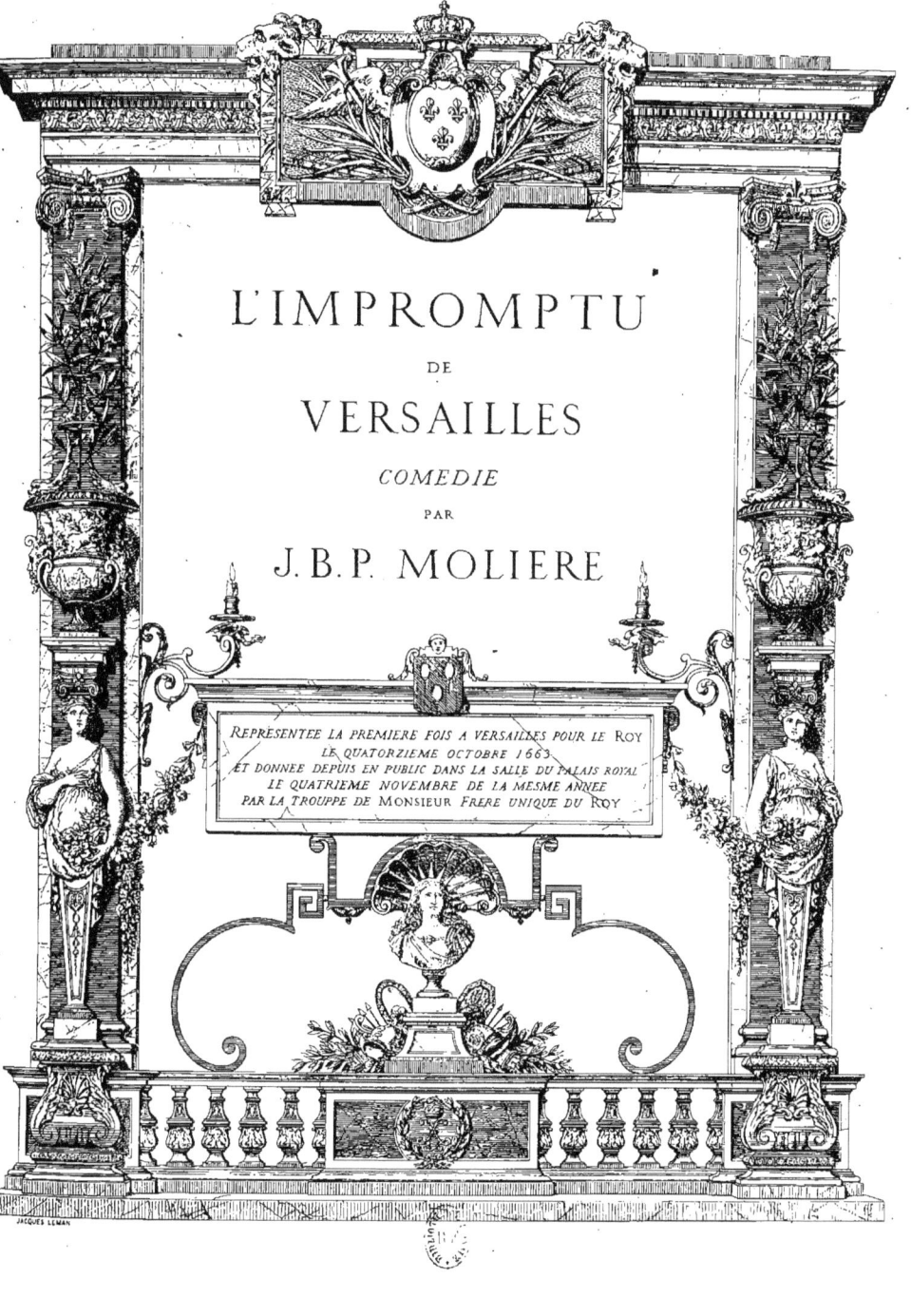

L'IMPROMPTU
DE
VERSAILLES
COMEDIE
PAR
J. B. P. MOLIERE

Representée la premiere fois a Versailles pour le Roy le quatorzieme Octobre 1663 et donnée depuis en public dans la Salle du Palais Royal le quatrieme Novembre de la mesme année par la Trouppe de Monsieur Frere unique du Roy

NOMS DES ACTEURS

MOLIÈRE, Marquis ridicule.
BRÉCOURT, Homme de Qualité.
De LA GRANGE, Marquis ridicule.
DU CROISY, Poëte.
LA TORILLIÈRE, Marquis fâcheux.
BÉJART, homme qui fait le Nécessaire.
Mademoiselle DU PARC, Marquise façonnière.
Mademoiselle BÉJART, Prude.
Mademoiselle DE BRIE, sage Coquette.
Mademoiselle MOLIÈRE, Satyrique spirituelle.
Mademoiselle DU CROISY, peste doucereuse.
Mademoiselle HERVÉ, Servante prétieuse.

*La Scène est à Versailles,
dans la Salle de la Comédie.*

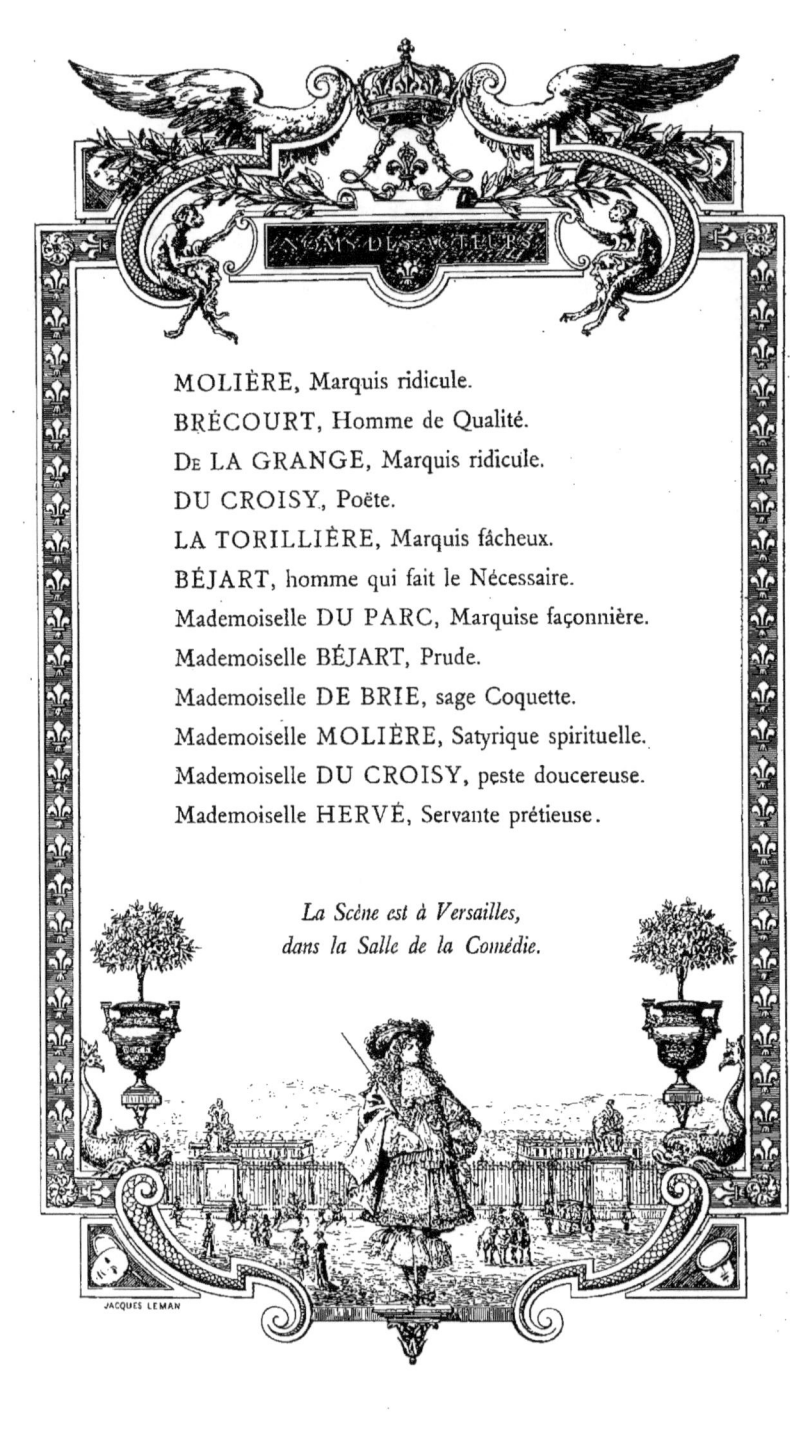

L'IMPROMPTU DE VERSAILLES
COMEDIE

SCÈNE PREMIÈRE

MOLIÈRE, BRÉCOURT, LA GRANGE, DU CROISY;
Mademoiselle DU PARC, Mademoiselle BÉJART,
Mademoiselle DE BRIE,
Mademoiselle MOLIÈRE, Mademoiselle DU CROISY,
Mademoiselle HERVÉ

MOLIÈRE

ALLONS donc, Messieurs et Mesdames, vous mocquez-vous avec vostre longueur, et ne voulez-vous pas tous venir icy ? La peste soit des gens ! Holà, ho ! Monsieur de Brécourt !

BRÉCOURT

Quoy ?

MOLIÈRE

Monsieur de La Grange !

LA GRANGE

Qu'est-ce ?

MOLIÈRE

Monsieur Du Croisy !

DU CROISY

Plaist-il ?

MOLIÈRE

Mademoiselle Du Parc !

Mademoiselle DU PARC

Hé bien ?

MOLIÈRE

Mademoiselle Béjart !

Mademoiselle BÉJART

Qu'y a-t-il ?

MOLIÈRE

Mademoiselle de Brie !

Mademoiselle DE BRIE

Que veut-on ?

MOLIÈRE

Mademoiselle Du Croisy !

Mademoiselle DU CROISY
Qu'est-ce que c'est ?

MOLIÈRE
Mademoiselle Hervé !

Mademoiselle HERVÉ
On y va.

MOLIÈRE
Je croy que je deviendray fou avec tous ces gens-cy. — Eh, teste-bleu, Messieurs, me voulez-vous faire enrager aujourd'huy ?

BRÉCOURT
Que voulez-vous qu'on fasse ? Nous ne sçavons pas nos rôles, et c'est nous faire enrager vous mesme que de nous obliger à jouer de la sorte.

MOLIÈRE
Ah, les étranges animaux à conduire que des Comédiens !

Mademoiselle BÉJART
Et bien, nous voilà. Que prétendez-vous faire ?

Mademoiselle DU PARC
Quelle est vostre pensée ?

Mademoiselle DE BRIE
De quoy est-il question ?

MOLIÈRE

De grâce, mettons-nous icy, et, puisque nous voilà tous habillez, et que le Roy ne doit venir de deux heures, employons ce temps à répéter nostre affaire, et voir la manière dont il faut jouer les choses.

LA GRANGE

Le moyen de jouer ce qu'on ne sçait pas ?

Mademoiselle DU PARC

Pour moy, je vous déclare que je ne me souviens pas d'un mot de mon Personnage.

Mademoiselle DE BRIE

Je sçay bien qu'il me faudra soufler le mien d'un bout à l'autre.

Mademoiselle BÉJART

Et moy, je me prépare fort à tenir mon rôle à la main.

Mademoiselle MOLIÈRE

Et moy aussi.

Mademoiselle HERVÉ

Pour moy, je n'ay pas grand'chose à dire.

Mademoiselle DU CROISY

Ny moy non plus ; mais, avec cela, je ne répondrois pas de ne point manquer.

DU CROISY
J'en voudrois estre quitte pour dix pistoles.

BRÉCOURT
Et moy, pour vingt bons coups de fouet, je vous assure.

MOLIÈRE
Vous voilà tous bien malades d'avoir un méchant rôle à jouer. Et que feriez-vous donc si vous estiez en ma place ?

Mademoiselle BÉJART
Qui, vous ? Vous n'estes pas à plaindre, car, ayant fait la Pièce, vous n'avez pas peur d'y manquer.

MOLIÈRE
Et n'ay-je à craindre que le manquement de mémoire ? Ne contez-vous pour rien l'inquiétude d'un succès qui ne regarde que moy seul, et pensez-vous que ce soit une petite affaire que d'exposer quelque chose de Comique devant une assemblée comme celle-cy; que d'entreprendre de faire rire des personnes qui nous impriment le respect et ne rient que quand ils veulent ? Est-il Autheur qui ne doive trembler lors qu'il en vient à cette épreuve, et n'est-ce pas à moy de dire que je voudrois en estre quitte pour toutes les choses du monde ?

Mademoiselle BÉJART
Si cela vous faisoit trembler, vous prendriez mieux

vos précautions, et n'auriez pas entrepris en huit jours ce que vous avez fait.

MOLIÈRE

Le moyen de m'en défendre, quand un Roy me l'a commandé?

Mademoiselle BÉJART

Le moyen? Une respectueuse excuse, fondée sur l'impossibilité de la chose dans le peu de temps qu'on vous donne, et tout autre, en vostre place, ménageroit mieux sa réputation et se seroit bien gardé de se commettre comme vous faites. Où en serez-vous, je vous prie, si l'affaire réussit mal, et quel avantage pensez-vous qu'en prendront tous vos ennemis?

Mademoiselle DE BRIE

En effet. Il faloit s'excuser avec respect envers le Roy, ou demander du temps davantage.

MOLIÈRE

Mon Dieu, Mademoiselle, les Roys n'ayment rien tant qu'une prompte obéissance, et ne se plaisent point du tout à trouver des obstacles. Les choses ne sont bonnes que dans le temps qu'ils les souhaitent, et leur en vouloir reculer le divertissement est en oster pour eux toute la grâce. Ils veulent des plaisirs qui ne se fassent point attendre, et les moins préparez leur sont toujours les plus agréables. Nous ne devons jamais nous regarder dans ce qu'ils desirent de nous ; nous ne sommes que pour leur plaire, et, lors qu'ils nous ordonnent quelque chose, c'est à nous à profiter viste de l'envie où ils sont. Il vaut mieux s'acquitter mal de ce qu'ils nous demandent que de ne s'en acquitter pas assez tost, et, si l'on a la honte de n'avoir pas bien réussi, on a toujours la gloire d'avoir obéi viste à leurs commandemens. Mais songeons à répéter, s'il vous plaist.

MADEMOISELLE BÉJART

Comment prétendez-vous que nous fassions, si nous ne sçavons pas nos rôles ?

MOLIÈRE

Vous les sçaurez, vous dy-je, et, quand mesme vous ne les sçauriez pas tout à fait, pouvez-vous pas y supléer de vostre esprit, puisque c'est de la Prose, et que vous sçavez vostre sujet ?

MADEMOISELLE BÉJART

Je suis vostre Servante. La Prose est pis encor que les Vers.

MADEMOISELLE MOLIÈRE

Voulez-vous que je vous dise ? Vous deviez faire une Comédie où vous auriez joué tout seul.

MOLIÈRE

Taisez-vous, ma Femme, vous estes une beste.

MADEMOISELLE MOLIÈRE

Grand mercy, Monsieur mon Mary. Voilà ce que c'est! Le Mariage change bien les gens, et vous ne m'auriez pas dit cela il y a dix-huit mois.

MOLIÈRE

Taisez-vous, je vous prie.

MADEMOISELLE MOLIÈRE

C'est une chose étrange qu'une petite cérémonie soit capable de nous oster toutes nos belles qualitez, et qu'un Mary et un Galand regardent la mesme personne avec des yeux si différens.

MOLIÈRE

Que de discours!

MADEMOISELLE MOLIÈRE

Ma foy, si je faisois une Comédie, je la ferois sur ce sujet. Je justifierois les Femmes de bien des choses dont on les accuse, et je ferois craindre aux Maris la différence qu'il y a de leurs manières brusques aux civilitez des Galans.

MOLIÈRE

Ahy, laissons cela. Il n'est pas question de causer maintenant; nous avons autre chose à faire.

MADEMOISELLE BÉJART

Mais, puisqu'on vous a commandé de travailler sur le sujet de la *Critique* qu'on a faite contre vous, que n'avez-vous fait cette *Comédie des Comédiens,* dont vous nous avez parlé il y a long-temps ? C'estoit une affaire toute trouvée, et qui venoit fort bien à la chose, et d'autant mieux, qu'ayant entrepris de vous peindre, ils vous ouvroient l'occasion de les peindre aussi, et que cela auroit pu s'appeler leur *Portrait,* à bien plus juste titre que tout ce qu'ils ont fait ne peut estre appelé le vostre. Car vouloir contrefaire un Comédien dans un rôle Comique, ce n'est pas le peindre luy-mesme; c'est peindre d'après luy les Personnages qu'il représente, et se servir des mesmes traits et des mesmes couleurs qu'il est obligé d'employer aux différens tableaux des caractères ridicules qu'il imite d'après nature. Mais contrefaire un Comédien dans des rôles sérieux, c'est le peindre par des défauts qui sont entièrement de luy, puisque ces sortes de Personnages ne veulent ny les gestes, ny les tons de voix ridicules dans lesquels on le reconnoist.

MOLIÈRE

Il est vray, mais j'ay mes raisons pour ne le pas faire, et je n'ay pas cru, entre nous, que la chose en valust la peine ; et puis il faloit plus de temps pour exécuter cette idée. Comme leurs jours de Comédies sont les mesmes que les nostres, à peine ay-je esté les voir que trois ou quatre fois depuis que nous sommes à Paris.

Je n'ay attrapé de leur manière de réciter que ce qui m'a d'abord sauté aux yeux, et j'aurois eu besoin de les étudier davantage pour faire des portraits bien ressemblans.

MADEMOISELLE DU PARC

Pour moy, j'en ay reconnu quelques-uns dans vostre bouche.

MADEMOISELLE DE BRIE

Je n'ay jamais ouy parler de cela.

MOLIÈRE

C'est une idée qui m'avoit passé une fois par la teste, et que j'ay laissée là comme une bagatelle, une badinerie, qui peut-estre n'auroit point fait rire.

MADEMOISELLE DE BRIE

Dites-la moy un peu, puisque vous l'avez dite aux autres.

MOLIÈRE

Nous n'avons pas le temps maintenant.

MADEMOISELLE DE BRIE

Seulement deux mots.

MOLIÈRE

J'avois songé une Comédie où il y auroit eu un Poëte, que j'aurois représenté moy-mesme, qui seroit venu pour offrir une Pièce à une Trouppe de Comédiens nouvellement arrivez de la campagne. « *Avez-vous,* auroit-il dit, *des Acteurs et des Actrices qui soyent capables de bien faire valoir un Ouvrage ? Car ma Pièce est une Pièce...* — *Eh, Monsieur,* auroient répondu les Comédiens, *nous avons des Hommes et des Femmes qui ont esté trouvés raisonnables par tout où nous avons passé.* — *Et qui fait les Roys parmy vous ?* — *Voilà un Acteur qui s'en démesle par fois.* — *Qui ? Ce jeune Homme bien fait ? Vous mocquez-vous ? Il faut un Roy qui soit gros et gras comme quatre, un Roy, morbleu ! qui soit entripaillé comme il faut, un Roy d'une vaste circonférence, et qui puisse remplir un Throsne de la belle manière. La belle chose qu'un Roy d'une taille galante ! Voilà déjà un grand défaut. Mais que je l'entende un peu réciter une douzaine de Vers.* » Là-dessus le Comédien auroit récité, par exemple, quelques vers du Roy de NICOMÈDE :

Te le diray-je, Araspe ? Il m'a trop bien servy,
Augmentant mon pouvoir...

le plus naturellement qui luy auroit esté possible. Et le Poëte : *Comment ? Vous appellez cela réciter ; c'est se railler. Il faut dire les choses avec emphase. Ecoutez-moy :*

Te le diray-je, Araspe... etc.
Imitant Monfleury, excellent Acteur de l'Hostel de Bourgogne.

Voyez-vous cette posture ? Remarquez bien cela. Là, appuyer comme il faut le dernier Vers. Voilà ce qui attire l'approbation, et fait faire le brouhaha. — Mais, Monsieur, auroit répondu le Comédien, *il me semble qu'un Roy qui s'entretient tout seul avec son Capitaine des Gardes parle un peu plus humainement, et ne prend guères ce ton de démoniaque. — Vous ne sçavez ce que c'est. Allez-vous-en réciter comme vous faites; vous verrez si vous ferez faire aucun ah! — Voyons un peu une Scène d'Amant et d'Amante. »* Là-dessus une Comédienne et un Comédien auroient fait une Scène ensemble, qui est celle de Camille et de Curiace :

> *Iras-tu, ma chère âme, et ce funeste honneur*
> *Te plaist-il, aux dépens de tout nostre bon-heur*
> *Hélas, je voy trop bien, etc.*

tout de mesme que l'autre, et le plus naturellement qu'ils auroient pu. Et le Poëte aussi-tost : « *Vous vous mocquez ; vous ne faites rien qui vaille, et voicy comme il faut réciter cela :*

> *Iras-tu, ma chère âme ? etc.*
> *Non, je te connois mieux, etc.*

Imitant Mademoiselle Beauchasteau, Comédienne de l'Hostel de Bourgogne.

Voyez-vous comme cela est naturel et passionné ? Admirez ce visage riant qu'elle conserve dans les plus grandes afflictions. » Enfin, voilà l'idée, et il auroit parcouru de mesme tous les Acteurs et toutes les Actrices.

MADEMOISELLE DE BRIE

Je trouve cette idée assez plaisante, et j'en ay reconnu là dès le premier Vers. Continuez, je vous prie.

MOLIÈRE

Imitant Beauchasteau, Comédien de l'Hostel de Bourgogne, dans les Stances du Cid :

Percé jusques au fond du cœur...

Et celuy-cy, le reconnoistrez-vous bien, dans Pompée de SERTORIUS ?

Imitant Hauteroche, aussi Comédien :

L'inimitié qui règne entre les deux partis
N'y rend pas de l'honneur, etc.

MADEMOISELLE DE BRIE

Je le reconnois un peu, je pense.

MOLIÈRE

Et celuy-cy ?

Seigneur, Polibe est mort... etc.

Imitant de Villiers, aussi Comédien.

MADEMOISELLE DE BRIE

Ouy, je sçay qui c'est; mais il y en a quelques-uns d'entre eux, je croy, que vous auriez peine à contrefaire.

MOLIÈRE

Mon Dieu, il n'y en a point qu'on ne pust attrapper par quelque endroit, si je les avois bien étudiez. Mais vous me faites perdre un temps qui nous est cher. Songeons à nous, de grâce, et ne nous amusons point davantage à discourir. — Vous, prenez garde à bien représenter avec moy vostre rôle de Marquis.

Parlant à de La Grange.

Mademoiselle MOLIÈRE
Toujours des Marquis !

MOLIÈRE
Ouy, toujours des Marquis. Que diable voulez-vous qu'on prenne pour un caractère agréable de Théâtre ? Le Marquis aujourd'huy est le Plaisant de la Comédie, et, comme dans toutes les Comédies anciennes on voit toujours un Valet boufon qui fait rire les auditeurs, de mesme dans toutes nos Pièces de maintenant, il faut toujours un Marquis ridicule qui divertisse la compagnie.

Mademoiselle BÉJART
Il est vray, on ne s'en sçauroit passer.

MOLIÈRE
Pour vous, Mademoiselle...

Mademoiselle DU PARC
Mon Dieu, pour moy, je m'acquitteray fort mal de mon Personnage, et je ne sçay pas pourquoy vous m'avez donné ce rôle de façonnière.

MOLIÈRE
Mon Dieu, Mademoiselle, voilà comme vous disiez lors que l'on vous donna celuy de la *Critique de l'Ecole des Femmes*. Cependant vous vous en estes acquittée à merveille, et tout le monde est demeuré d'accord qu'on ne peut pas mieux faire que vous avez fait. Croyez-moy,

celuy-cy sera de mesme, et vous le jouerez mieux que vous ne pensez.

MADEMOISELLE DU PARC

Comment cela se pourroit-il faire ? Car il n'y a point de personne au Monde qui soit moins façonnière que moy.

MOLIÈRE

Cela est vray, et c'est en quoy vous faites mieux voir que vous estes excellente Comédienne, de bien représenter un Personnage qui est si contraire à vostre humeur. Tâchez donc de bien prendre, tous, le caractère de vos rôles, et de vous figurer que vous estes ce que vous représentez. — *A Du Croisy :* Vous faites le Poëte, vous, et vous devez vous remplir de ce Personnage, marquer cet air Pédant qui se conserve parmy le commerce du beau monde, ce ton de voix sentencieux, et cette exactitude de prononciation qui appuye sur toutes les syllabes, et ne laisse échapper aucune lettre de la plus sévère ortographe. — *A Brécourt :* Pour vous, vous faites un honneste homme de Cour, comme vous avez déjà fait dans la *Critique de l'Escole des Femmes*, c'est-à-dire que vous devez prendre un air posé, un ton de voix naturel, et gesticuler le moins qu'il vous sera possible. — *A de La Grange :* Pour vous, je n'ay rien à vous dire. — *A Mademoiselle Béjard :* Vous, vous représentez une de ces Femmes, qui, pourveu qu'elles ne fassent point l'amour, croyent que tout le reste leur est permis ; de ces Femmes qui se retranchent toujours fièrement sur leur pruderie, regardent un chacun de haut en bas, et veulent que toutes les plus belles qualitez que possèdent les autres ne soyent rien en comparaison d'un misérable honneur dont personne ne se soucie. Ayez toujours ce caractère devant les yeux pour en bien faire les grimaces. — *A Mademoiselle De Brie :* Pour vous, vous faites une de ces Femmes qui pensent estre les plus vertueuses personnes du monde, pourveu qu'elles sauvent les apparences ; de ces Femmes qui croyent que le péché n'est que dans le scandale, qui veulent conduire doucement les affaires qu'elles ont sur le pied d'attachement honneste, et appellent amis ce que les autres nomment galans. Entrez bien dans ce caractère. — *A Mademoiselle de Molière :* Vous, vous faites le mesme Personnage que dans la *Critique,* et je n'ay rien à vous dire, non plus qu'à Mademoiselle Du Parc. — *A Mademoiselle Du Croisy* : Pour vous, vous représentez une de ces personnes qui prestent doucement des charitez à tout le monde, de ces Femmes qui donnent toujours le petit coup de langue en passant, et seroient bien fâchées d'avoir souffert qu'on eust dit du bien du prochain. Je croy que vous ne vous acquiterez pas mal de ce rôle. — *A Mademoiselle Hervé :* Et pour vous, vous estes la Soubrette de la Précieuse, qui se mesle de temps en temps dans la conversation et attrappe, comme elle peut, tous les termes de sa Maistresse. — Je vous dis tous vos caractères, afin que vous vous les imprimiez fortement dans l'esprit. Commençons maintenant à répéter, et voyons comme cela ira. Ah, voicy justement un fâcheux. Il ne nous faloit plus que cela.

SCÈNE II

LA THORILIÈRE, MOLIÈRE, Etc.

LA THORILIÈRE

Bon jour, Monsieur Molière.

MOLIÈRE

Monsieur, vostre serviteur. — La peste soit de l'homme!

LA THORILIÈRE

Comment vous en va?

MOLIÈRE

Fort bien, pour vous servir. — Mesdemoiselles, ne...

LA THORILIÈRE

Je viens d'un lieu où j'ay bien dit du bien de vous.

MOLIÈRE

Je vous suis obligé. — Que le Diable t'emporte! — Ayez un peu soin...

LA THORILIÈRE

Vous jouez une Pièce nouvelle aujourd'huy ?

MOLIÈRE

Ouy, Monsieur. — N'oubliez pas...

LA THORILIÈRE

C'est le Roy qui vous la fait faire ?

MOLIÈRE

Ouy, Monsieur. — De grâce, songez...

LA THORILIÈRE

Comment l'appelez-vous ?

MOLIÈRE

Ouy, Monsieur.

LA THORILIÈRE

Je vous demande comment vous la nommez.

MOLIÈRE

Ah, ma foy, je ne sçay. — Il faut, s'il vous plaist, que vous...

LA THORILIÈRE

Comment serez-vous habillez ?

MOLIÈRE

Comme vous voyez. — Je vous prie...

LA THORILIÈRE

Quand commencerez-vous ?

MOLIÈRE

Quand le Roy sera venu. — Au diantre le questionneur!

LA THORILIÈRE

Quand croyez-vous qu'il vienne ?

MOLIÈRE

La peste m'étoufe, Monsieur, si je le sçay.

LA THORILIÈRE

Sçavez-vous point...

MOLIÈRE

Tenez, Monsieur, je suis le plus ignorant homme du Monde. Je ne sçay rien de tout ce que vous pourrez me demander, je vous jure. — J'enrage. Ce bourreau vient avec un air tranquille vous faire des questions, et ne se soucie pas qu'on ait en teste d'autres affaires.

LA THORILIÈRE

Mesdemoiselles, vostre Serviteur.

MOLIÈRE

Ah, bon ; le voilà d'un autre costé.

LA THORILIÈRE, *à Mademoiselle Du Croisy:*

Vous voilà belle comme un petit Ange. Jouez-vous toutes deux aujourd'huy ?

En regardant Mademoiselle Hervé.

MADEMOISELLE DU CROISY

Ouy, Monsieur.

LA THORILIÈRE

Sans vous, la Comédie ne vaudroit pas grand'chose.

MOLIÈRE

Vous ne voulez pas faire en aller cet homme-là ?

MADEMOISELLE DE BRIE

Monsieur, nous avons icy quelque chose à répéter ensemble.

LA THORILIÈRE

Ah! parbleu, je ne veux pas vous empescher; vous n'avez qu'à poursuivre.

MADEMOISELLE DE BRIE

Mais...

LA THORILIÈRE

Non, non, je serois fâché d'incommoder personne. Faites librement ce que vous avez à faire.

MADEMOISELLE DE BRIE

Ouy; mais...

LA THORILIÈRE

Je suis homme sans cérémonie, vous dy-je, et vous pouvez répéter ce qui vous plaira.

MOLIÈRE

Monsieur, ces Demoiselles ont peine à vous dire

qu'elles souhaiteroient fort que personne ne fust icy pendant cette répétition.

LA THORILIÈRE

Pourquoy ? Il n'y a point de danger pour moy.

MOLIÈRE

Monsieur, c'est une coutume qu'elles observent, et vous aurez plus de plaisir quand les choses vous surprendront.

LA THORILIÈRE

Je m'en vais donc dire que vous estes prests.

MOLIÈRE

Point du tout, Monsieur ; ne vous hâtez pas, de grâce.

SCÈNE III

MOLIÈRE, LA GRANGE, Etc.

MOLIÈRE

Ah! que le Monde est plein d'impertinents! Or sus, commençons. Figurez-vous donc premièrement que la Scène est dans l'Antichambre du Roy, car c'est un lieu où il se passe tous les jours des choses assez plaisantes. Il est aisé de faire venir là toutes les personnes qu'on veut, et on peut trouver des raisons mesme pour y authoriser la venue des Femmes que j'introduis. La Comédie s'ouvre par deux Marquis qui se rencontrent. — Souvenez-vous bien, vous, de venir, comme je vous ay dit, là, avec cet air qu'on nomme le bel air, peignant vostre perruque, et grondant une petite chanson entre vos dents : *La, la, la, la, la, la.* Rangez-vous donc, vous autres, car il faut du terrain à deux Marquis, et ils ne sont pas gens à tenir leur personne dans un petit espace. — Allons, parlez.

LA GRANGE

Bon jour, Marquis.

MOLIÈRE

Mon Dieu, ce n'est point là le ton d'un Marquis. Il faut le prendre un peu plus haut, et la pluspart de ces Messieurs affectent une manière de parler particulière pour se distinguer du Commun : *Bon jour, Marquis.* Recommencez donc.

LA GRANGE

Bon jour, Marquis.

MOLIÈRE

Ah, Marquis, ton serviteur.

LA GRANGE

Que fais-tu là ?

MOLIÈRE

Parbleu, tu vois; j'attends que tous ces Messieurs ayent débouché la porte pour présenter là mon visage.

LA GRANGE

Teste-bleu! Quelle foule! Je n'ay garde de m'y aller froter, et j'ayme bien mieux entrer des derniers.

MOLIÈRE

Il y a là vingt gens qui sont fort assurez de n'entrer point, et qui ne laissent pas de se presser, et d'occuper toutes les avenues de la porte.

LA GRANGE

Crions nos deux noms à l'Huissier, afin qu'il nous appelle.

MOLIÈRE

Cela est bon pour toy, mais, pour moy, je ne veux pas estre joué par Molière.

LA GRANGE

Je pense pourtant, Marquis, que c'est toy qu'il joue dans la Critique.

MOLIÈRE

Moy? Je suis ton valet; c'est toy-mesme en propre personne.

LA GRANGE

Ah! ma foy, tu es bon de m'appliquer ton personnage.

MOLIÈRE

Parbleu, je te trouve plaisant de me donner ce qui t'appartient.

LA GRANGE

Ha, ha, ha, cela est drôle.

MOLIÈRE

Ha, ha, ha, cela est boufon.

LA GRANGE

Quoy! Tu veux soutenir que ce n'est pas toy qu'on joue dans le Marquis de la Critique *?*

MOLIÈRE

Il est vray, c'est moy! « Détestable, morbleu! détestable! tarte à la crème! » *C'est moy, c'est moy, assurément c'est moy!*

LA GRANGE

Ouy, parbleu, c'est toy; tu n'as que faire de railler, et, si tu veux, nous gagerons, et verrons qui a raison des deux.

MOLIÈRE

Et que veux-tu gager encore?

LA GRANGE

Je gage cent pistoles que c'est toy.

MOLIÈRE

Et moy, cent pistoles que c'est toy.

LA GRANGE

Cent pistoles comptant.

MOLIÈRE

Comptant. Quatre-vingt-dix pistoles sur Amyntas, et dix pistoles comptant.

LA GRANGE

Je le veux.

MOLIÈRE

Cela est fait.

LA GRANGE

Ton argent court grand risque.

MOLIÈRE

Le tien est bien avanturé.

LA GRANGE

A qui nous en rapporter ?

MOLIÈRE

Voicy un homme qui nous jugera. — Chevalier ?

SCÈNE IV

MOLIÈRE, BRÉCOURT, LA GRANGE, Etc.

BRÉCOURT

Quoy ?

MOLIÈRE

Bon ! Voilà l'autre qui prend le ton de Marquis.

Vous ay-je pas dit que vous faites un rôle où l'on doit parler naturellement ?

BRÉCOURT

Il est vray.

MOLIÈRE

Allons donc. *Chevalier...*

BRÉCOURT

Quoy ?

MOLIÈRE

Juge-nous un peu sur une gageure que nous avons faite.

BRÉCOURT

Et quelle ?

MOLIÈRE

Nous disputons qui est le Marquis de la Critique de Molière. *Il gage que c'est moy ; et moy je gage que c'est luy.*

BRÉCOURT

Et moy, je juge que ce n'est ny l'un ny l'autre. Vous estes foux tous deux de vouloir vous appliquer ces sortes de choses, et voilà de quoy j'ouys l'autre jour se plaindre Molière, parlant à des personnes qui le chargeoient de mesme chose que vous. Il disoit que rien ne luy donnoit du déplaisir comme d'estre accusé de regarder quelqu'un dans les portraits qu'il fait ; que son dessein est de peindre les mœurs sans vouloir toucher aux personnes, et que tous les personnages qu'il représente sont des personnages en l'air et des phantosmes proprement, qu'il ha-

*bille à sa fantaisie, pour réjouir les spectateurs; qu'il seroit
bien fâché d'y avoir jamais marqué qui que ce soit, et que,
si quelque chose estoit capable de le dégoûter de faire des Comédies, c'estoit les ressemblances qu'on y vouloit toujours trouver, et dont ses ennemis tâchoient malicieusement d'appuyer la
pensée, pour luy rendre de mauvais offices auprès de certaines
personnes à qui il n'a jamais pensé. Et, en effet, je trouve
qu'il a raison; car pourquoy vouloir, je vous prie, appliquer
tous ses gestes et toutes ses paroles, et chercher à luy faire des
affaires en disant hautement : « Il joue un tel », lors que ce sont
des choses qui peuvent convenir à cent personnes ? Comme l'affaire de la Comédie est de représenter en général tous les défauts
des hommes, et principalement des hommes de nostre siècle, il est
impossible à Molière de faire aucun caractère qui ne rencontre
quelqu'un dans le Monde, et, s'il faut qu'on l'accuse d'avoir
songé toutes les personnes où l'on peut trouver les défauts qu'il
peint, il faut sans doute qu'il ne fasse plus de Comédies.*

MOLIÈRE

*Ma foy, Chevalier, tu veux justifier Molière, et épargner
nostre amy que voilà.*

LA GRANGE

*Point du tout. C'est toy qu'il épargne, et nous trouverons
d'autres juges.*

MOLIÈRE

Soit. Mais dy-moy, Chevalier, crois-tu pas que ton Molière est épuisé maintenant, et qu'il ne trouvera plus de matière pour...

BRÉCOURT

Plus de matière! Eh, mon pauvre Marquis, nous luy en fournirons toujours assez, et nous ne prenons guères le chemin de nous rendre sages pour tout ce qu'il fait et tout ce qu'il dit.

MOLIÈRE

Attendez. Il faut marquer davantage tout cet endroit. Écoutez-le-moy dire un peu : « ... *Et qu'il ne trouvera plus de matière pour...* — *Plus de matière! Eh, mon pauvre Marquis, nous luy en fournirons toujours assez, et nous ne prenons guères le chemin de nous rendre sages pour tout ce qu'il fait et tout ce qu'il dit. Crois-tu qu'il ait épuisé dans ses Comédies tout le ridicule des hommes et, sans sortir de la Cour, n'a-t-il pas encore vingt caractères de gens où il n'a point touché. N'a-t-il pas, par exemple, ceux qui se font les plus grandes amitiez du monde et qui, le dos tourné, font galanterie de se déchirer l'un l'autre? N'a-t-il pas ces adulateurs à outrance, ces flatteurs insipides qui n'assaisonnent d'aucun sel les louanges qu'ils donnent, et dont toutes les flatteries ont une douceur fade qui fait mal au cœur à ceux qui les écoutent? N'a-t-il pas ces lâches Courtisans de la faveur, ces perfides adorateurs de la fortune, qui vous encensent dans la prospérité et vous accablent dans la disgrâce? N'a-t-il pas ceux qui sont toujours mécontens de la Cour, ces suivans inutiles, ces incommodes assidus, ces gens, dy-je, qui, pour services, ne peuvent compter que des importunitez, et qui veulent que l'on les récompense d'avoir obsédé le Prince dix ans durant? N'a-t-il pas ceux qui caressent également tout le monde, qui promènent leurs civilitez à droite et à gauche, et courent à tous ceux qu'ils voyent, avec les mesmes embrassades et les mesmes protestations d'amitié?* « Monsieur, vostre très humble serviteur. Monsieur, je suis tout à vostre service. Tenez-moy des vostres, mon cher. Faites estat de moy, Monsieur, comme du plus chaud de vos amis. Monsieur, je suis ravy de vous embrasser. Ah! Monsieur, je ne vous voyois pas. Faites-moy la grâce de m'employer; soyez persuadé que je suis entièrement à vous. Vous estes l'homme du monde que je revère le plus, il n'y a personne que j'honore à l'égal de vous. Je vous conjure de le croire. Je vous supplie de n'en point douter. Serviteur. Très-humble valet. » *Va, va, Marquis, Molière aura toujours plus de sujets qu'il n'en voudra, et tout ce qu'il a touché jusqu'icy n'est rien que bagatelle, au prix de ce qui reste.* Voilà à peu près comme cela doit estre joué.

BRÉCOURT

C'est assez.

MOLIÈRE

Poursuivez.

BRÉCOURT

Voicy Climène et Elise.

MOLIÈRE

Là-dessus, vous arriverez toutes deux. — *A Mademoiselle Du Parc :* Prenez bien garde, vous, à vous déhancher comme il faut, et à faire bien des façons. Cela vous contraindra un peu, mais qu'y faire ? Il faut par fois se faire violence.

Mademoiselle MOLIÈRE

Certes, Madame, je vous ay reconnue de loin, et j'ay bien veu à vostre air que ce ne pouvoit estre une autre que vous.

Mademoiselle DU PARC

Vous voyez. Je viens attendre icy la sortie d'un homme avec qui j'ay une affaire à démesler.

Mademoiselle MOLIÈRE

Et moy de mesme.

MOLIÈRE

Mesdames, voilà des cofres qui vous serviront de fauteuils.

Mademoiselle DU PARC

Allons, Madame, prenez place, s'il vous plaist.

Mademoiselle MOLIÈRE

Après vous, Madame.

MOLIÈRE

Bon. Après ces petites cérémonies muettes, chacun prendra place et parlera assis, hors les Marquis, qui tantost se lèveront, et tantost s'assoyront, suivant leur inquiétude naturelle. — *Parbleu, Chevalier, tu devrois faire prendre médecine à tes canons.*

BRÉCOURT

Comment ?

MOLIÈRE

Ils se portent fort mal.

BRÉCOURT

Serviteur à la turlupinade !

MADEMOISELLE MOLIÈRE

Mon Dieu, Madame, que je vous trouve le teint d'une blancheur éblouissante, et les lèvres d'un couleur de feu surprenant !

MADEMOISELLE DU PARC

Ah, que dites-vous là, Madame ? Ne me regardez point ; je suis du dernier laid aujourd'huy.

MADEMOISELLE MOLIÈRE

Eh, Madame, levez un peu vostre coëffe.

MADEMOISELLE DU PARC

Fy ! Je suis épouvantable, vous dy-je, et je me fais peur à moy-mesme.

MADEMOISELLE MOLIÈRE

Vous estes si belle.

MADEMOISELLE DU PARC

Point, point.

MADEMOISELLE MOLIÈRE

Montrez-vous.

MADEMOISELLE DU PARC

Ah! Fy donc, je vous prie!

MADEMOISELLE MOLIÈRE

De grâce!

MADEMOISELLE DU PARC

Mon Dieu, non.

MADEMOISELLE MOLIÈRE

Si fait.

MADEMOISELLE DU PARC

Vous me désespérez.

MADEMOISELLE MOLIÈRE

Un moment.

MADEMOISELLE DU PARC

Ahy.

MADEMOISELLE MOLIÈRE

Résolûment vous vous montrerez. On ne peut point se passer de vous voir.

MADEMOISELLE DU PARC

Mon Dieu, que vous estes une étrange personne! Vous voulez furieusement ce que vous voulez.

MADEMOISELLE MOLIÈRE

Ah, Madame, vous n'avez aucun désavantage à paroistre au grand jour, je vous jure. Les méchantes gens, qui assu-

roient que vous mettiez quelque chose! Vrayment, je les démentiray bien maintenant.

Mademoiselle DU PARC

Hélas, je ne sçay pas seulement ce qu'on appelle mettre quelque chose. Mais où vont ces Dames?

SCÈNE V

Mademoiselle DE BRIE, Mademoiselle DU PARC, Etc.

Mademoiselle DE BRIE

Vous voulez bien, Mesdames, que nous vous donnions en passant la plus agréable nouvelle du monde. Voilà Monsieur Lysidas qui vient de nous avertir qu'on a fait une Pièce contre Molière, que les grands Comédiens vont jouer.

MOLIÈRE

Il est vray; on me l'a voulu lire, et c'est un nommé Br... Brou... Brossaut qui l'a faite.

DU CROISY

Monsieur, elle est affichée sous le nom de Boursaut, mais, à vous dire le secret, bien des gens ont mis la main à cet ouvrage, et l'on en doit concevoir une assez haute attente. Comme tous les Autheurs et tous les Comédiens regardent Molière comme leur plus grand ennemy, nous nous sommes tous unis pour le déservir. Chacun de nous a donné un coup de pinceau à son Portrait, mais nous nous sommes bien gardez d'y mettre nos noms; il luy auroit esté trop glorieux de succomber, aux yeux du Monde, sous les efforts de tout le Parnasse et, pour rendre sa défaite plus ignominieuse, nous avons voulu choisir tout exprès un Autheur sans réputation.

Mademoiselle DU PARC

Pour moy, je vous avoue que j'en ay toutes les joyes imaginables.

MOLIÈRE

Et moy aussi. Par le sang-bleu, le railleur sera raillé ; il aura sur les doigts, ma foy !

Mademoiselle DU PARC

Cela luy apprendra à vouloir satyriser tout. Comment ! cet impertinent ne veut pas que les Femmes ayent de l'esprit ? Il condamne toutes nos expressions élevées, et prétend que nous parlions toujours terre à terre ?

Mademoiselle DE BRIE

Le langage n'est rien, mais il censure tous nos attachemens, quelque innocens qu'ils puissent estre et, de la façon qu'il en parle, c'est estre criminelle que d'avoir du mérite.

Mademoiselle DU CROISY

Cela est insuportable. Il n'y a pas une femme qui puisse plus rien faire. Que ne laisse-t-il en repos nos Maris, sans leur ouvrir les yeux, et leur faire prendre garde à des choses dont ils ne s'avisent pas ?

MADEMOISELLE BÉJART

Passe pour tout cela, mais il satyrise mesme les Femmes de bien, et ce méchant plaisant leur donne le titre d'honnestes Diablesses.

MADEMOISELLE MOLIÈRE

C'est un impertinent. Il faut qu'il en ait tout le soû.

DU CROISY

La représentation de cette Comédie, Madame, aura besoin d'estre appuyée, et les Comédiens de l'Hostel...

MADEMOISELLE DU PARC

Mon Dieu, qu'ils n'appréhendent rien. Je leur garantis le succès de leur Pièce, corps pour corps.

MADEMOISELLE MOLIÈRE

Vous avez raison, Madame. Trop de gens sont intéressez à la trouver belle. Je vous laisse à penser si tous ceux qui se croyent satyrisez par Molière ne prendront pas l'occasion de se vanger de luy en applaudissant à cette Comédie.

BRÉCOURT

Sans doute, et pour moy je répons de douze Marquis, de six Précieuses, de vingt Coquettes, et de trente Cocus, qui ne manqueront pas d'y batre des mains.

Mademoiselle MOLIÈRE

En effet. Pourquoy aller offenser toutes ces personnes-là, et particulièrement les Cocus, qui sont les meilleurs gens du monde?

MOLIÈRE

Par la sang-bleu! on m'a dit qu'on le va dauber, luy et toutes ses Comédies, de la belle manière, et que les Comédiens et les Autheurs, depuis le cèdre jusqu'à l'hyssope, sont diablement animez contre luy.

Mademoiselle MOLIÈRE

Cela luy sied fort bien. Pourquoy fait-il de méchantes Pièces que tout Paris va voir, et où il peint si bien les gens que chacun s'y connoist? Que ne fait-il des Comédies comme celles de Monsieur Lysidas? Il n'auroit personne contre luy, et tous les Autheurs en diroient du bien. Il est vray que de semblables Comédies n'ont pas ce grand concours de monde; mais, en revanche, elles sont toujours bien écrites, personne n'écrit contre elles, et tous ceux qui les voyent meurent d'envie de les trouver belles.

DU CROISY

Il est vray que j'ay l'avantage de ne point faire d'ennemis, et que tous mes Ouvrages ont l'approbation des Sçavans.

Mademoiselle MOLIÈRE

Vous faites bien d'estre content de vous. Cela vaut mieux que tous les applaudissemens du public, et que tout l'argent qu'on sçauroit gagner aux Pièces de Molière. Que vous importe qu'il vienne du monde à vos Comédies, pourveu qu'elles soyent approuvées par Messieurs vos Confrères ?

LA GRANGE

Mais quand jouera-t-on le Portrait du Peintre ?

DU CROISY

Je ne sçay, mais je me prépare fort à paroistre des premiers sur les rangs, pour crier : « Voilà qui est beau ! »

MOLIÈRE

Et moy de mesme, parbleu !

LA GRANGE

Et moy aussi, Dieu me sauve !

MADEMOISELLE DU PARC

Pour moy, j'y payeray de ma personne comme il faut, et je répons d'une bravoure d'approbation qui mettra en déroute tous les jugemens ennemis. C'est bien la moindre chose que nous devions faire, que d'épauler de nos louanges le vangeur de nos intérests.

MADEMOISELLE MOLIÈRE

C'est fort bien dit.

MADEMOISELLE DE BRIE

Et ce qu'il nous faut faire toutes.

MADEMOISELLE BÉJART

Assurément.

MADEMOISELLE DU CROISY

Sans doute.

MADEMOISELLE HERVÉ

Point de cartier à ce contrefaiseur de gens!

MOLIÈRE

Ma foy, Chevalier mon amy, il faudra que ton Molière se cache.

BRÉCOURT

Qui, luy ? Je te promets, Marquis, qu'il fait dessein d'aller sur le Théâtre rire avec tous les autres du Portrait qu'on a fait de luy.

MOLIÈRE

Parbleu, ce sera donc du bout des dents qu'il y rira.

BRÉCOURT

Va, va, peut-estre qu'il y trouvera plus de sujets de rire que tu ne penses. On m'a montré la Pièce et, comme tout ce qu'il y a d'agréable sont effectivement les idées qui ont esté prises de Molière, la joye que cela pourra donner n'aura pas lieu de luy déplaire, sans doute. Car, pour l'endroit où on s'efforce de le noircir, je suis le plus trompé du monde si cela est approuvé de personne, et, quant à tous les gens qu'ils ont tâché d'animer contre luy sur ce qu'il fait, dit-on, des portraits trop ressemblans, outre que cela est de fort mauvaise grâce, je ne vois rien de plus ridicule et de plus mal repris, et je n'avois pas cru jusqu'icy que ce fust un sujet de blâme pour un Comédien que de peindre trop bien les Hommes.

LA GRANGE

Les Comédiens m'ont dit qu'ils l'attendoient sur la réponse, et que...

BRÉCOURT

Sur la réponse! Ma foy, je le trouverois un grand fou s'il se mettoit en peine de répondre à leurs invectives. Tout le monde sçait assez de quel motif elles peuvent partir, et la meilleure réponse qu'il leur puisse faire, c'est une Comédie qui réussisse comme toutes les autres. Voilà le vray moyen de se vanger d'eux comme il faut, et, de l'humeur dont je les connois, je suis fort assuré qu'une Pièce nouvelle, qui leur enlèvera le Monde, les fâchera bien plus que toutes les satyres qu'on pourroit faire de leurs personnes.

MOLIÈRE

« Mais, Chevalier... »

MADEMOISELLE BÉJART

Souffrez que j'interrompe pour un peu la répétition. — Voulez-vous que je vous die? Si j'avois esté en vostre place, j'aurois poussé les choses autrement. Tout le monde attend de vous une réponse vigoureuse, et, après la manière dont on m'a dit que vous estiez traité dans cette Comédie, vous estiez en droit de tout dire contre les Comédiens, et vous deviez n'en épargner aucun.

MOLIÈRE

J'enrage de vous ouïr parler de la sorte, et voilà vostre manie à vous autres Femmes. Vous voudriez que je prisse feu d'abord contre eux, et qu'à leur exemple j'allasse éclater promptement en invectives et en injures. Le bel honneur que j'en pourrois tirer, et le grand dépit que je leur ferois ! Ne se sont-ils pas préparez de bonne volonté à ces sortes de choses, et, lors qu'ils ont délibéré s'ils joueroient *le Portrait du Peintre,* sur la crainte d'une riposte, quelques-uns d'entre eux n'ont-ils pas répondu : « Qu'il nous rende toutes les injures qu'il voudra, pourveu que nous gagnions de l'argent ? » N'est-ce pas là la marque d'une âme fort sensible à la honte, et ne me vangerois-je pas bien d'eux, en leur donnant ce qu'ils veulent bien recevoir ?

Mademoiselle DE BRIE

Ils se sont fort plaint toutefois de trois ou quatre mots que vous avez dit d'eux dans la *Critique* et dans vos *Précieuses.*

MOLIÈRE

Il est vray, ces trois ou quatre mots sont fort offençans, et ils ont grande raison de les citer. Allez, allez, ce n'est pas cela. Le plus grand mal que je leur aye fait, c'est que j'ay eu le bonheur de plaire un peu plus qu'ils n'auroient voulu, et tout leur procédé, depuis que nous sommes venus à Paris, a trop marqué ce qui les touche; mais laissons-les faire tant qu'ils voudront; toutes leurs entreprises ne doivent point m'inquiéter. Ils critiquent mes Pièces, tant mieux, et Dieu me garde d'en faire jamais qui leur plaise. Ce seroit une mauvaise affaire pour moy.

MADEMOISELLE DE BRIE

Il n'y a pas grand plaisir pourtant à voir déchirer ses Ouvrages.

MOLIÈRE

Et qu'est-ce que cela me fait? N'ay-je pas obtenu de ma Comédie tout ce que j'en voulois obtenir, puisqu'elle a eu le bonheur d'agréer aux Augustes personnes à qui particulièrement je m'éforce de plaire? N'ay-je pas lieu d'estre satisfait de sa destinée, et toutes leurs censures ne viennent-elles pas trop tard? Est-ce moy, je vous prie, que cela regarde maintenant et, lors qu'on attaque une Pièce qui a eu du succès, n'est-ce pas attaquer plutost le jugement de ceux qui l'ont approuvée que l'art de celuy qui l'a faite?

MADEMOISELLE DE BRIE

Ma foy, j'aurois joué ce petit Monsieur l'Autheur qui se mesle d'écrire contre des gens qui ne songent pas à luy.

MOLIÈRE

Vous estes folle. Le beau sujet à divertir la Cour que Monsieur Boursaut ! Je voudrois bien sçavoir de quelle façon on pourroit l'ajuster pour le rendre plaisant et si, quand on le berneroit sur un Théâtre, il seroit assez heureux pour faire rire le monde. Ce luy seroit trop d'honneur que d'estre joué devant une auguste Assemblée; il ne demanderoit pas mieux, et il m'attaque de gayeté de cœur pour se faire connoistre, de quelque façon que ce soit. C'est un homme qui n'a rien à perdre, et les Comédiens ne me l'ont déchaîné que pour m'engager à une sotte guerre, et me détourner, par cet artifice, des autres ouvrages que j'ay à faire ; et cependant vous estes assez simples pour donner toutes dans ce panneau. Mais, enfin, j'en feray ma déclaration publiquement. Je ne prétends faire aucune réponse à toutes leurs Critiques et leurs Contre-critiques. Qu'ils disent tous les maux du monde de mes Pièces ; j'en suis d'accord. Qu'ils s'en saisissent après nous ; qu'ils les retournent comme un habit pour les mettre sur leur Théâtre et tâchent à profiter de quelque agrément qu'on y trouve et d'un peu de bonheur que j'ay; j'y consens, ils en ont besoin, et je seray bien ayse de contribuer à les faire subsister, pourveu qu'ils se contentent de ce que je puis leur accorder avec bienséance. La courtoisie doit avoir des bornes ; et il y a des choses qui ne font rire, ny les spectateurs, ny celuy dont on parle. Je leur abandonne de bon cœur mes ouvrages, ma figure, mes gestes, mes paroles, mon ton de voix et ma façon de réciter, pour en faire et dire tout ce qu'il leur plaira, s'ils en peuvent tirer quelque avantage. Je ne m'oppose point à toutes ces choses, et je seray ravy que cela puisse réjouir le monde ; mais, en leur abandonnant tout cela, ils me doivent faire la grâce de me laisser le reste, et de ne point toucher à des matières de la nature de celles sur lesquelles on m'a dit qu'ils m'attaquoient dans leurs Comédies. C'est de quoy je priray civilement cet honneste Monsieur qui se mesle d'écrire pour eux, et voilà toute la réponse qu'ils auront de moy.

MADEMOISELLE BÉJART

Mais enfin.....

MOLIÈRE

Mais enfin, vous me feriez devenir fou. Ne parlons point de cela davantage ; nous nous amusons à faire des discours, au lieu de répéter nostre Comédie. Où en estions-nous ? Je ne m'en souviens plus.

MADEMOISELLE DE BRIE

Vous en estiez à l'endroit...

MOLIÈRE

Mon Dieu, j'entends du bruit. C'est le Roy qui arrive assurément, et je vois bien que nous n'aurons pas le temps de passer outre. Voilà ce que c'est de s'amuser. Oh bien, faites donc, pour le reste, du mieux qu'il vous sera possible.

Mademoiselle BÉJART

Par ma foy, la frayeur me prend, et je ne sçaurois aller jouer mon rôle, si je ne le répète tout entier.

MOLIÈRE

Comment ! Vous ne sçauriez pas aller jouer vostre rôle ?

Mademoiselle BÉJART

Non.

Mademoiselle DU PARC

Ny moy le mien.

Mademoiselle DE BRIE

Ny moy non plus.

Mademoiselle MOLIÈRE

Ny moy.

Mademoiselle HERVÉ

Ny moy.

Mademoiselle DU CROISY

Ny moy.

MOLIÈRE

Que pensez-vous donc faire ? Vous mocquez-vous toutes de moy ?

SCÈNE VI

BÉJART, MOLIÈRE, Etc.

BÉJART

Messieurs, je viens vous avertir que le Roy est venu, et qu'il attend que vous commenciez.

MOLIÈRE

Ah, Monsieur, vous me voyez dans la plus grande peine du monde ; je suis désespéré à l'heure que je vous parle. Voicy des Femmes qui s'effrayent, et qui disent qu'il leur faut répéter leurs rôles avant que d'aller commencer. Nous demandons, de grâce, encore un moment. Le Roy a de la bonté, et il sçait bien que la chose a esté précipitée. — Eh, de grâce, tâchez de vous remettre ; prenez courage, je vous prie.

Mademoiselle DU PARC

Vous devez vous aller excuser.

MOLIÈRE

Comment m'excuser ?

SCÈNE VII

MOLIÈRE, Mademoiselle BÉJART, Etc.

UN NÉCESSAIRE

Messieurs, commencez donc.

MOLIÈRE

Tout à l'heure, Monsieur. — Je croy que je perdray l'esprit de cette affaire-cy, et...

SCÈNE VIII

MOLIÈRE, Mademoiselle BÉJART, Etc.

AUTRE NÉCESSAIRE

Messieurs, commencez donc.

MOLIÈRE

Dans un moment, Monsieur. — Et quoy donc! voulez-vous que j'aye l'affront.....

SCÈNE IX

MOLIÈRE, Mademoiselle BÉJART, Etc.

AUTRE NÉCESSAIRE

Messieurs, commencez donc.

MOLIÈRE

Ouy, Monsieur, nous y allons. — Eh, que de gens se font de feste, et viennent dire : « Commencez-donc », à qui le Roy ne l'a pas commandé !

SCÈNE X

MOLIÈRE, Mademoiselle BÉJART, Etc.

AUTRE NÉCESSAIRE

Messieurs, commencez donc.

MOLIÈRE

Voilà qui est fait, Monsieur. — Quoy donc ! Recevray-je la confusion.....

SCÈNE XI

BÉJART, MOLIÈRE, Etc.

MOLIÈRE

Monsieur, vous venez pour nous dire de commencer, mais...

BÉJART

Non, Messieurs. Je viens pour vous dire qu'on a dit au Roy l'embaras où vous vous trouviez et que, par une bonté toute particulière, il remet votre nouvelle Comédie à une autre fois, et se contente pour aujourd'huy de la première que vous pourrez donner.

MOLIÈRE

Ah, Monsieur, vous me redonnez la vie! Le Roy nous fait la plus grande grâce du monde de nous donner du temps pour ce qu'il avoit souhaité; et nous allons tous le remercier des extrêmes bontez qu'il nous fait paroistre.

L'IMPROMPTU DE VERSAILLES

EXPLICATION DES PLANCHES

Notice. — En-tête. Bande ornementale. Au centre de rinceaux les trois fleurs de lys de France sur le globe du Monde.

— Lettre L. Sur la haste de la lettre, un bouclier rond avec la couronne royale, posé sur deux sceptres fleurdelysés en sautoir.

— Cul de lampe. Au centre de l'ornement, un médaillon avec un vase de Ballin, dans lequel un oranger, en avant de la perspective d'une allée. A droite et à gauche, les armes de France.

Faux-titre. — « L'Impromptu de Versailles, Comédie. M. DC. LXIII ». Sur la frise, au centre, le soleil de Louis XIV. Comme supports du cadre, deux termes de femmes tenant un miroir. Au-dessus, dans un cadre en largeur, la façade de l'ancien château de Versailles.

Grande composition. — L'Antichambre du Roi (Scène II). La Thorillière, saluant, le chapeau à la main : « Bonjour, Monsieur Molière ». Celui-ci, le chapeau sur la tête, tenant sa canne et la copie de la pièce qu'il essaie de faire répéter, se retourne vers l'importun. Autour de Molière, ses acteurs et ses actrices, dont quelques-unes tiennent à la main les copies de leurs rôles; à droite, une des actrices se retourne pour parler à Brécourt.

GRAND TITRE. — Au milieu de l'entablement, un cartouche avec les armes de France, sommées de la couronne royale, et accompagnées d'un demi vol, de trompettes et de branches de laurier. Les pilastres des montants latéraux sont décorés de deux termes de femmes, portant sur leur tête un vase avec des masques de satyres et duquel s'élève une tige de laurier. En bas, une balustrade, au milieu de laquelle un piédestal en largeur, décoré de la double L du Roi, et sur lequel le buste radié de Louis XIV jeune.

CADRE DES PERSONNAGES. — En haut, la double L du Roi accompagnée de branches de laurier, et, sur un rinceau écaillé terminé par un masque satyrique, de deux singes à cheval. A droite et à gauche, montant étroit de fleurs de lys sur champ d'azur. En bas, entre deux vases d'orangers posés sur la tête d'un dauphin, une perspective de Versailles, une grille avec deux pavillons et un fond de collines. En avant, un jeune Marquis debout, tenant de la main droite sa canne et de l'autre un peigne.

L'IMPROMPTU. — En-tête. Au centre une table-console, devant laquelle les coffres et les malles des Comédiens. Molière debout regarde les mots : *L'Impromptu de Versailles*, et se demande si ses acteurs vont venir. A droite et à gauche, deux portes ouvertes par lesquelles arrivent ses acteurs et ses actrices (Scène I).

— Lettre A. La répétition. A gauche, La Grange, en costume très clair, avec force rubans et un chapeau à plumes blanches, disant à Molière : « Bonjour, Marquis ». A droite Molière, avec autant de canons, de nœuds de rubans sur les souliers, mais en costume sombre et sérieux, et en chapeau à plumes noires, lui répond : « Ah, Marquis, ton serviteur.» (Scène III).

— Cul de lampe. Cadre au-dessus duquel une tête de femme, nimbée de palmettes rayonnantes. Sur les côtés, deux Pages, debout sur le soubassement, tiennent un flambeau à deux branches. Dans le cadre, comme sujet, le quatrième Nécessaire, s'adressant à Molière et lui disant (Scène x) : « Messieurs, commencez donc ». Au fond, les acteurs et les actrices debout; à droite, une actrice assise sur un coffre.

FIN DE LA TABLE DES ILLUSTRATIONS

Achevé d'imprimer a Évreux
Par Charles Hérissey
Le vingt Mars Mil huit cent quatre-vingt-cinq

Pour le compte de Jules Lemonnyer
Éditeur a Paris

www.ingramcontent.com/pod-product-compliance
Lightning Source LLC
LaVergne TN
LVHW021001090426
835512LV00009B/2001